Autocollants Usborne

Noël

Illustrations : Stacey Lamb
Maquette : Claire Ever
Texte : Jessica Greenwell

Traduction : Lorraine Beurton-Sharp

Décore les illustrations avec les autocollants que tu
trouveras dans les pages centrales de ce livre.

Noël en ville

Trouve une place aux deux
petites souris qui patinent.

Décorer le sapin

Décorer les maisons

Pose la chorale des souris sur le mur.

Jouer dans la neige

Noël en ville

Décorer le sapin

Décorer les maisons

Le soir de Noël

Le père Noël arrive !

Ouvrir les cadeaux

Deviner les cadeaux

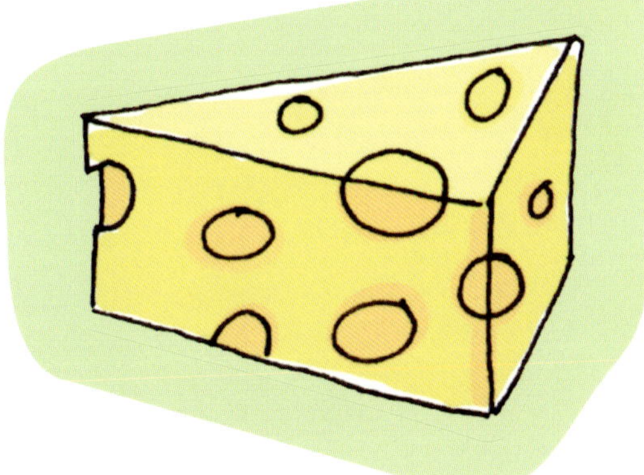

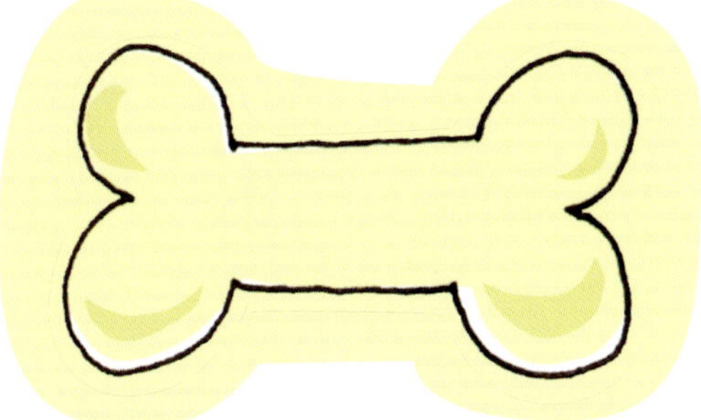

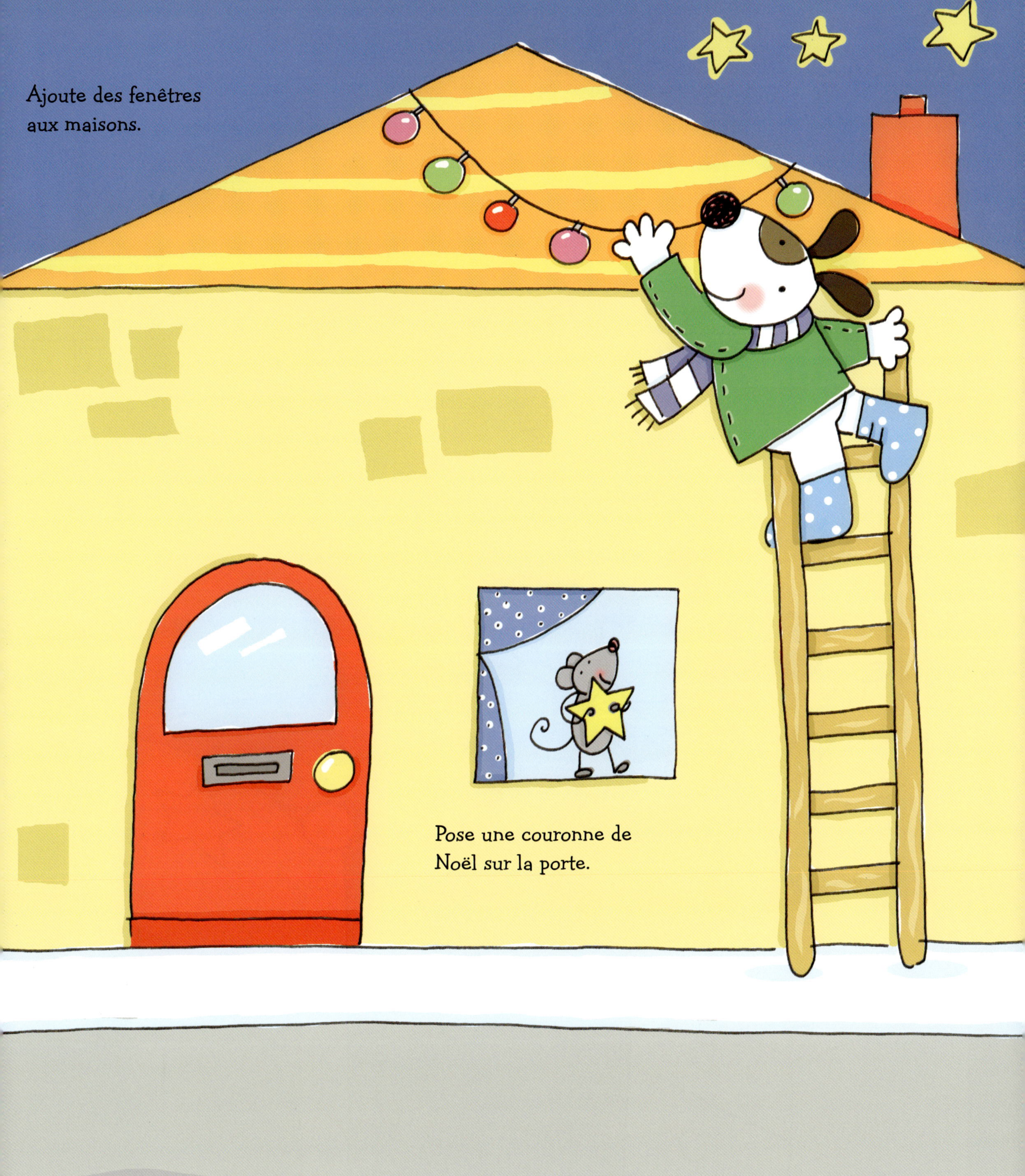

Ajoute des fenêtres
aux maisons.

Pose une couronne de
Noël sur la porte.

Le soir de Noël

Colle des cartes de Noël sur les étagères.

Ajoute la lune et des étoiles dans le ciel.

Accroche une chaussettte de Noël au pied de chaque lit.

Le père Noël arrive !

Remplis la hotte du père
Noël de cadeaux.

Ajoute quelques maisons.

Ajoute d'autres rennes pour
tirer le traîneau du père Noël.

Ouvrir les cadeaux

Colle beaucoup de cadeaux
ouverts autour du sapin.

Place un bonhomme de neige
dehors, dans la neige.

Ajoute un train sur les rails.

Deviner les cadeaux
Utilise les autocollants pour donner
le bon cadeau à chaque animal.